IN POLITICA ERRARE È UMANO

ma per incasinare tutto ci vuole il PD

(Le 236 infallibili leggi della Murphypolitica)

di

Rino Cerritelli
Luca Eslebano

Illustrazioni di Marco Posa

Prefazione di Giovannantonio Forabosco

Edizioni Scripta Volant

1° edizione, Milano 15 febbraio 2019
Riproduzione vietata ai sensi di legge
(art. 171 della legge 22 aprile 1941 n. 633)
Copyright 2018 – Rocco (Rino) Cerritelli – Luca Eslebano
ISBN: 9788894421507
Senza regolare autorizzazione è vietata la riproduzione
di questo volume anche parzialmente o con qualsiasi mezzo,
compresa la fotocopia, anche per uso interno o didattico

*Se il PD può perdere
le elezioni, lo farà.*

Collana: Politically Incorrect
Volume primo
Edizioni Scripta Volant
Telefono: +39 3334408793
Email: scriptavolant@rinocerritelli.com
Web: www.rinocerritelli.com

INDICE

PREFAZIONE

"Difficile est saturam non scribere", sosteneva Quintiliano nella Roma antica. Lo dice quasi in italiano e, in più, sembra parlare della politica italiana dei nostri tempi.

Rino e Luca hanno dato ascolto a Quintiliano e si sono lasciati andare all'urgenza di fare satira.

Ma sulla sinistra? Sul PD, proprio? Come mai?

Chi ama vivere di brividi e di avventura ha un'ampia scelta di attività: volare in deltaplano, inerpicarsi in scalate dolomitiche di sesto grado superiore, buttarsi giù da un ponte attaccati a un elastico, magari una corroborante lotta a mani nude con una tigre del Bengala.

Rino e Luca probabilmente trovano queste esperienze poco stimolanti, scarsamente adrenaliniche. Non vedo altre possibili, ragionevoli, spiegazioni per questo testo che ha come target privilegiato il PD.

Il partito che di democrazia si aggettiva è prototipico di quella sinistra di cui Walter Veltroni ebbe a dire che è come Tafazzi. Per i tre lettori (uno distratto, due troppo giovani) che non hanno ben presente il personaggio, ricordiamo che Tafazzi, mirabilmente impersonato da Giacomo del trio Aldo, Giovanni e lui medesimo, stabilisce il grado zero della comicità picchiandosi i genitali con una bottiglia, al contempo esibendo uno sguardo di vuota simil-ebefrenia. Dunque, come Tafazzi, la sinistra si fa male da sola (circa lo sguardo esibito al contempo nulla viene specificato, ma c'è il sospetto di una similitudine aggiuntiva). Allora, o Rino e Luca, non vi è venuto il dubbio che tirare strali satirici al PD sia come insistere a bersagliare San Sebastiano?

Ma è proprio qui che scatta il paradosso che muta in radice la prospettiva. E' vero, un bersaglio facile - la Crocerossa per il cecchino - è sfida non solo di poco impegno ma anche di scarsa nobiltà. E però, quando in tanti e tanti, bersagli compresi, scherzano e satireggiano, riuscire a trovare nuovi e vulnerabili punti deboli, e nuovi efficaci mezzi atti a colpire (non solo pugnalate alla schiena, o silenziose cerbottane con frecce avvelenate...), questa è l'impresa, l'ardua sfida, questo fa impennare la creatività (ma guarda! anagramma di cattiveria!). Se poi tutto ciò innesca un pensiero, allora può essere che arrivi perfino un senso. Ah quanto bisogno abbiamo del pensiero, magari individuale – perché quello collettivo troppo spesso è in realtà pensiero di massa, da cui le espressioni "massa media", "andare all'ammasso", "persuasione occulta" (sì, sembra che non c'entri, ma la massa si manipola soprattutto con la persuasione strisciante, vedi i mezzi di comunicazione di... – completare la frase a cura del lettore).

La buona satira è acuminata. E si nutre di umorismo.

L'umorismo è la scintilla che può accendere fuochi scoppiettanti di divertimento.

La satira è critica. Che è krisis, e rimanda a separazione, scelta, cambiamento.

Chiediamocelo: può questo testo, ricco di scintille colorate, produrre divertimento e anche cambiamento?

Quello che posso garantire – state sereni – è il divertimento. Il cambiamento * dipende da voi.

Giovannantonio Forabosco

----

*NB: in un altro contesto sarebbe superfluo, ma dopo aver letto il testo capirete perché conviene precisare che si intende un cambiamento in meglio.

GENERAL BASIS (Principi generali)

1a LEGGE INVIOLABILE DEL PD

Se il PD può perdere le elezioni, lo farà.

2a LEGGE INVIOLABILE DEL PD

Se il PD può vincere le elezioni, lo farà solo al primo ballottaggio.

3a LEGGE INVIOLABILE DEL PD

Se il PD è in bilico tra vincere o perdere, vincerà nei sondaggi e perderà le elezioni.

4a LEGGE INVIOLABILE DEL PD

Voto che dai, PD che perde.

5a LEGGE INVIOLABILE DEL PD

I percorsi in discesa non esistono.

1° ASSIOMA SUL MOTO INERZIALE

Lasciato a sé stesso, il PD tende ad andare di male in peggio.

2° ASSIOMA SUL MOTO INERZIALE

Non lasciato a se stesso, il PD andrà nel peggiore modo possibile.

3° ASSIOMA SUL MOTO ONDULATORIO

Lasciato a sé stesso o guidato da qualcuno, il PD andrà meglio o peggio, solo nella misura in cui servirà a evidenziare il suo peggior andamento successivo.

NUOVO PRINCIPIO DI SANT'AGOSTINO

Errare in politica è umano, ma per incasinare tutto ci vuole il PD.

1° COROLLARIO AL NUOVO PRINCIPIO DI SANT'AGOSTINO

L'errore di un dirigente del PD è la certezza di un dirigente di un altro partito di sinistra. E viceversa

2° COROLLARIO AL NUOVO PRINCIPIO DI SANT'AGOSTINO

La sinistra italiana è diabolica.

PRINCIPIO GENERALE SUL CALCOLO DEI RISCHI

Si può fare una cosa a prova di bomba, ma non a prova di PD.

ASSIOMA DI REMAGEN

La sinistra italiana tende per sua natura a tagliare i ponti prima di averli attraversati.

POSTULATO SULLA SCARAMANZIA

Se per scongiurare la sfortuna, un dirigente di sinistra tocca ferro, quel ferro è rovente.

PARADOSSO DELLA PERDITA A PRESCINDERE

Che vinca o che perda, il PD perde.

PARADOSSO CERRITELLI-ESLEBANO

Questo libro è tendenzialmente ottimistico nei confronti del PD.

TEAM BUILDING (Congresso)

LEGGE UNIVERSALE SULLA CONVOCAZIONE DEI CONGRESSI

Indire un congresso del PD richiederà sempre molto più tempo di quanto si pensi.

I TRE ASSIOMI DEL CONGRESSO

1) Tutto dipende dal dibattito in corso.
2) Nessuna decisione è definitiva.
3) Tutto verrà rinviato al successivo congresso.

PRINCIPIO GENERALE SULLO SVOLGIMENTO DEL DIBATTITO CONGRESSUALE

Un congresso è un evento dove si contano i minuti di ogni intervento e si dimenticano le ore in discussioni inutili.

PRESUPPOSTO ETICO DI PLURALISMO DEMOCRATICO

Per un corretto svolgimento del congresso, è essenziale una pluralità di opinioni, in modo che alcuni dirigenti di sinistra possano dare la colpa dei propri errori ad altri dirigenti di sinistra.

TEOREMA DI FERMI

Quando un partito di sinistra in Italia fa un congresso poi si scinde.

COROLLARIO AL TEOREMA DI FERMI

Il congresso del PD ha spesso la funzione di suggerire idee utili a inventare sigle per nuove formazioni politiche di sinistra.

TEOREMA DI EDISON

Quando la soluzione a un problema si fa luce in un congresso del PD, la sala si troverà improvvisamente al buio.

COROLLARIO AL TEOREMA DI EDISON

Quando ritornerà la luce, nessun se la ricorderà.

POSTULATO DELL'ARGOMENTAZIONE

Non si può discutere nel PD di qualcosa senza che ci sia qualcos'altro che andrebbe discusso prima.

TEOREMA DELL'IMPLOSIONE NATURALE

Ogni soluzione finalizzata a risolvere problemi interni alla sinistra italiana, genera ulteriori e più gravi problemi interni alla sinistra italiana.

BETA TEST (Primarie)

1a LEGGE DELLE PRIMARIE

Se c'è un candidato che può far perdere le elezioni al PD, vincerà le primarie.

2a LEGGE DELLE PRIMARIE

Se c'è un candidato che potrebbe far vincere le elezioni al PD, si ritirerà dalle primarie appoggiando quello che le farà perdere.

3a LEGGE DELLE PRIMARIE

Se c'è un candidato che potrebbe far vincere le elezioni al PD e, per un colpo di insperata fortuna vincesse le primarie, le elezioni verranno rinviate.

ASSIOMA DEL CANDIDATO PERFETTO

Un cattivo candidato finirà male. Un buon candidato, finirà peggio.

ECCEZIONE ALLE LEGGI DELLE PRIMARIE

Se c'è un candidato che vincendo le primarie potrebbe far vincere il PD e le elezioni non venissero rinviate, verrà indagato prima del voto.

1° OBIETTIVO DELLE PRIMARIE

Dimostrare che un candidato del PD può vincere una competizione.

2° OBIETTIVO DELLE PRIMARIE

Perdere le elezioni con il miglior candidato perdente.

3° OBIETTIVO DELLE PRIMARIE

Rafforzare l'autostima di un candidato, con l'unico risultato positivo per lui possibile all'interno del PD

.

STRESS TEST (Sondaggi)

1a LEGGE DI DEMOSKOPEA

Se i sondaggi danno un partito di sinistra in vantaggio, sarà stato per un errore di trascrizione.

ECCEZIONE DEL GIORNO DOPO

Quando non è un errore di trascrizione, ogni sondaggio a vantaggio della sinistra verrà smentito il giorno seguente.

ECCEZIONE DEL 3 x 1

Quando non è un errore di trascrizione, per ogni sondaggio a favore di un partito di sinistra ne verranno pubblicati tre contrari.

ECCEZIONE MALAUSSENE

Quando non è un errore di trascrizione, qualcosa è andato male e c'è bisogno di un capro espiatorio.

2a LEGGE DI DEMOSKOPEA

I veri sondaggi a vantaggio della sinistra risalgono ai tempi di Berlinguer.

3a LEGGE DI DEMOSKOPEA

All'approssimarsi delle elezioni, i sondaggi tenderanno a migliorare per il gioco delle illusioni.

ECCEZIONE DEL CALO ADDIZIONATO

Se prima delle elezioni i sondaggi prevedono un forte calo del PD, i voti caleranno molto di più delle percentuali previste.

4a LEGGE DI DEMOSKOPEA

I valori di un sondaggio a favore di un partito di sinistra vanno sempre moltiplicati per un coefficiente di 0,30.

1a LEGGE DI COALIZIONE PRE-ELETTORALE

Il consenso nei sondaggi di un partito di sinistra scende ulteriormente non appena quel partito si allea con il PD.

2a LEGGE DI COALIZIONE PRE-ELETTORALE

Il consenso nei sondaggi di un partito di sinistra scende ulteriormente non appena quel partito rompe l'alleanza con il PD.

3a LEGGE DI COALIZIONE PRE-ELETTORALE

La velocità con cui il PD tende a perdere consensi è inversamente proporzionale alla fatica e al tempo impiegato per costruirli.

LEGGE INVIOLABILE DELLA COAZIONE A RIPETERE

Sondaggi negativi portano a risultati negativi. Sondaggi positivi portano a risultati negativi.

RIEPILOGO: LE TRE REGOLE UNIVERSALI DEL SONDAGGIO IN ITALIA

1) Se i sondaggi danno un partito di sinistra vincente, alle elezioni perderà clamorosamente.

2) Se i sondaggi danno un partito di sinistra alla pari, alle elezioni perderà dopo essere rimasto in bilico fino all'ultimo.

3) Se i sondaggi danno un partito di sinistra perdente, all'inizio dello spoglio elettorale ci sarà un clamoroso recupero. Ma solo all'inizio.

PRINCIPIO DELL'AUTORASSEGNAZIONE CONSAPEVOLE

Se un elettore di sinistra vede che il suo partito sale un po' nei sondaggi, non si preoccupa. Egli sa che è un fenomeno passeggero.

PROFIT & LOSS (Elezioni)

1a LEGGE ITALICA DELLA COMPETIZIONE ELETTORALE

Se per un partito di sinistra vincere sembra facile, la competizione sarà dura all'inverosimile.

2a LEGGE ITALICA DELLA COMPETIZIONE ELETTORALE

Se vincere sembra difficile, sarà stramaledettamente impossibile.

3a LEGGE ITALICA DELLA COMPETIZIONE ELETTORALE

La vittoria finale appartiene solo alla coalizione avversaria.

TEOREMA DELLA SCELTA MULTIPLA

Il PD non vincerà le elezioni.

Il PD non otterrà la maggioranza relativa al parlamento.

Il PD si spaccherà al suo interno.

PRINCIPIO DELL'ALTERNANZA

In alcuni seggi elettorali, il PD perderà le elezioni, in altri seggi vinceranno i partiti avversari.

POSTULATO TALBOT-DE COUBERTINE

Se l'importante è vincere, la sinistra italiana perde.

Se l'importante è partecipare, la sinistra italiana perde.

Se l'importante è perdere, la sinistra italiana partecipa.

LEGGE DELL'UNIONE FA LA DEBOLEZZA

Se due partiti di sinistra si uniscono, le loro percentuali complessive dopo le elezioni saranno ridotte della metà.

LEGGE DELLA PAR CONDICIO

Se si separano, faranno entrambi meno della metà.

POSTULATO DEL PERFETTO TEMPISMO

Uno scandalo legato al PD tenderà a scoppiare pochi giorni prima delle elezioni.

1a LEGGE DEL CONSENSO ELETTORALE

Ogni tentativo del PD di proporre politiche di sinistra, spaventerà l'elettorato di centro e allontanerà quello di centro-destra.

2a LEGGE DEL CONSENSO ELETTORALE

Ogni tentativo del PD di proporre politiche di centro, creerà forti dubbi all'elettorato di sinistra e insospettirà quello di destra.

3a LEGGE DEL CONSENSO ELETTORALE

Ogni tentativo del PD di proporre politiche di destra, sarà guardato con sospetto da tutto l'elettorato.

4a LEGGE DEL CONSENSO ELETTORALE

Ogni tentativo del PD di proporre politiche, porterà a perdere le elezioni.

5a LEGGE DEL CONSENSO ELETTORALE

Ogni tentativo del PD di proporre, è vano.

6a LEGGE DEL CONSENSO ELETTORALE

Ogni tentativo del PD è controproducente.

7a LEGGE DEL CONSENSO ELETTORALE

Ogni PD, perde.

8a LEGGE DEL CONSENSO ELETTORALE

PD = perdita.

ASSIOMA DEL GOBBO

A pensar che la sinistra italiana perda si fa peccato ma si indovina.

LEGGE DI NORRIS

Nemmeno un calcio rotante di Chuck Norris farà vincere le elezioni al PD.

COROLLARIO ALLA LEGGE DI NORRIS

Un calcio rotante di Chuck Norris può far vincere le elezioni. Tranne al PD.

ASSIOMA DI DON CAMILLO

Nel segreto della cabina elettorale Dio ti guarda. Giusto per assicurarsi che il PD perda.

COROLLARIO DI PEPPONE

Anche Stalin ti guarda.

QUARTINA DI NOSTRADAMUS

Nel Paese italico, al consulto popolare
per elezione del giusto governo,
le genti di sinistra
porteranno pesante sconfitta.

INNO LEOPARDIANO

PD rimembri ancora
quel tempo ch'eri di sinistra,
e classe operaia splendea
negl'ideali tuoi vincenti e progressisti.
All'apparir di Renzi
tu perdesti la china e in ogni voto
nei freddi exit poll dell'urna ignuda
andando incontro alla ruina.

POSTULATO DEL DOTT. B.M.

E' l'uomo che traccia il voto e il PD
che perde le elezioni.

POSTULATO DI JOSEPH

Una elezione persa all'infinito diventa la normalità.

TEOREMA DELLA POSSIBILITÀ DISATTESA

Quando tutti possono votare per il PD, nessuno voterà per il PD.

TEOREMA DELLA PRESUNZIONE DI VOLONTÀ

Quando tutti vogliono votare per il PD, non ci saranno elezioni.

ASSIOMA CAUSA-EFFETTO

Voto che dai, perde il PD.

TEOREMA DI LACALLE

In un sistema totalitario esiste un solo partito da votare. E non è il PD.

TEOREMA DI FAURÉ

In un sistema democratico chiunque ha diritto di votare. E non vota PD.

TEOREMA DI LACALLE-FAURÉ

In un qualunque sistema di governo il PD prenderà il minor numero di voti possibile.

TEOREMA DI FAURÉ-LACALLE

I voti presi dal PD non saranno riconducibili ad alcun sistema di governo.

TEOREMA POST ELETTORALE

A elezioni concluse, salteranno fuori quelli che non lo sapevano, quelli che avevano la settimana bianca, quelli che avevano il figlio malato, quelli che pensavano fosse domenica prossima. Tutti elettori di sinistra.

COROLLARIO AL TEOREMA POST ELETTORALE

L'insieme di queste persone sarà di una percentuale che avrebbe portato alla vittoria del PD.

LEGGE DI FB

Il PD perderà le elezioni. Clicca mi piace e condividi.

LEGGE DI ASTAG

#ilpdperderaleelezioni.

ASSIOMA DEL MINIMO INDISPENSABILE

Perdere le elezioni non cambierà il destino del PD. Ci sarà sempre bisogno di partiti per riempire la scheda elettorale.

LEGGE DELL'AUTOINGANNO

Vincere le elezioni non farà di te un candidato del PD.

TEOREMA DEL NEGAZIONISMO

Dopo la sconfitta elettorale, il 90% dei votanti PD dirà di aver votato altro.

ASSIOMA DEL MEME

PD: Keep calm e perdi le elezioni.

ASSIOMA DELLA RISPOSTA SOTTINTESA

Chi perderà le elezioni?   ...

TEOREMA DELLA PUNTUALITÀ

A perder le elezioni non è mai tardi.

LEGGE DELLA CHIAMATA DEL DESTINO

Per il PD non è questione se perderà le elezioni, ma quando le perderà.

LEGGE DELL'ENIGMISTICA

1 verticale : la metà di poco

2 verticale : la fine della strada

1 orizzontale : perderà alle elezioni

2 orizzontale : un'oasi senza il sì.

PREDIZIONE DEL MAGO DI CAPITELLO

Alle prossime elezioni il PD vincerà.

CONSEGUENZA DELLA PREDIZIONE DEL MAGO DI CAPITELLO

Dal Gazzettino locale: "Arrestato il mago di Capitello per abuso della credulità popolare".

TEMPORARY LEADER (Dirigenti)

LEGGE DELLA PERMANENZA ITALICA

Più un dirigente rimane iscritto a un partito e più è alta la possibilità che possa perdere consensi.

ASSIOMA DELLA RILEVANZA ITALICA

I leader politici tendono a essere sconfessati dai fatti in proporzione alla loro notorietà.

LEGGE DELLA SAGGEZZA INOPERANTE

I dirigenti più preparati, di solito sono quelli più distanti dal problema.

LEGGE DELLA RIPETIZIONE ANTROPOMORFICA

Il PD non si ripete. Sono i dirigenti del PD che si ripetono.

LEGGE DELLA SFRONTATEZZA ITALICA

Se un dirigente del PD sorride di fronte a una disfatta elettorale, di solito è perché sa che alle prossime elezioni sarà peggio.

COROLLARIO PER LE PROSSIME ELEZIONI

I dirigenti del PD che sorridono sono in costante aumento.

1° PRINCIPIO DEL TRANSFUGA

Se un dirigente di un altro partito decidesse di candidarsi nel PD, non acquisterà voti e perderà i consensi che aveva nell'altro partito.

2° PRINCIPIO DEL TRANSFUGA

Se un dirigente del PD decidesse di iscriversi a un altro partito, la sua candidatura verrà rifiutata per scaramanzia.

TEOREMA DELLA FERMEZZA ITALICA

Quando un dirigente politico non sa cosa stia facendo, di solito lo fa con la massima precisione e la più grande determinazione.

PRINCIPIO DELLA DISAPPROVAZIONE

Un vero dirigente del PD critica i suoi avversari a prescindere, in ogni direzione e per qualsiasi cosa.

PRINCIPIO DEL PASSA PAROLA

Un'informazione tende naturalmente a degradarsi man mano che passa di bocca in bocca da un dirigente politico all'altro.

POSTULATO DELLA SCHIETTEZZA ITALICA

Un dirigente mette la sincerità al primo posto solo se ha imparato a fingerla bene.

PRINCIPIO ITALICO DELLA RETROATTIVITÀ POLITICA

"Ve l'avevo detto!" è una scienza esatta.

POSTULATO DELLO STATISTA

L'abilità di un dirigente del PD è inversamente proporzionale alla sua disponibilità a rimanere nel PD.

PRINCIPIO GENERALE SULLA LEADERSHIP

Niente potrà andar mai così male nel PD che non possa andar in vacca cambiando segretario.

CUSTOMER CARE (Elettori)

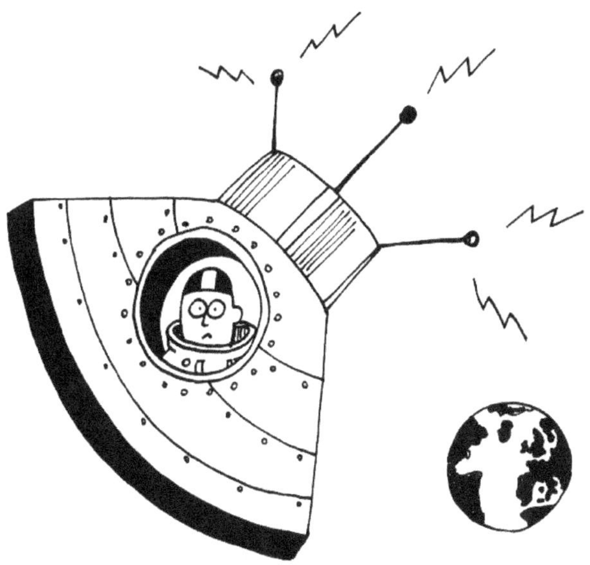

1° ASSIOMA DELL'IDENTITA' STORICA

Se un partito italiano di sinistra cambierà nome, perderà tutti i voti degli elettori fedeli al quel nome.

2° ASSIOMA DELL'IDENTITA' STORICA

Se un partito italiano di sinistra manterrà il nome, perderà tutti i voti degli elettori stufi di quel nome.

3° ASSIOMA DELL'IDENTITA' STORICA

Qualsiasi scelta riguardante il nome di un partito italiano di sinistra, porterà al numero massimo di elettori persi.

ASSIOMA DELLA CAMPAGNA ELETTORALE

La percentuale di elettorato convinta a votare un partito di sinistra sarà inversamente proporzionale agli sforzi compiuti per acquisire voti.

TEOREMA DELL'ELETTORE

L'elettore populista non voterà PD.

L'elettore non populista non voterà PD.

L'elettore di sinistra non voterà PD.

L'elettore di destra non voterà PD.

L'elettore di centro non voterà PD.

L'elettore pensionato non voterà PD.

L'elettore giovane non voterà PD.

L'elettore disoccupato non voterà PD.

L'elettore fedele al PD voterà PD. Ma per motivi di salute quel giorno non potrà recarsi alle urne.

POSTULATO DELL' UMILTÀ ITALICA

Un elettore fedele al PD è una persona che si sforza di non far sapere ai suoi dirigenti che è migliore di loro.

TEOREMA DELL'IMPROCRASTINABILITÀ

Il giorno delle elezioni, tutti gli elettori di sinistra, avranno qualcos'altro di inderogabile da fare.

COROLLARIO AL TEOREMA DELL'IMPROCRASTINABILITÀ

L'impegno sarà improrogabile, urgente e durerà l'intera giornata.

LE LEGGI DELL'ELETTORE INSODDISFATTO

L'ex elettore di sinistra che si lamenta di più è quello che da più tempo non vota a sinistra.

L'ex elettore di sinistra che da più tempo non vota a sinistra è quello che più spesso verrà intervistato.

L'ex elettore di sinistra che più spesso verrà intervistato è convinto che le istanze popolari di sinistra non le difenda il PD.

I TRE PRINCIPI DELLA RAGION PURA

Il PD non ammette la sconfitta.

Se anche ammettesse la sconfitta, non farebbe autocritica.

Se anche facesse autocritica, darebbe la colpa ai suoi elettori.

COROLLARIO AI TRE PRINCIPI DELLA RAGION PURA

Se sei un elettore del PD, rilassati. Qualunque sia l'esito sarà sempre colpa tua.

LEGGE DEL BUON ESEMPIO

L'elettore modello del PD paga le tasse, aiuta le vecchiette ad attraversare la strada, si fida dei suoi dirigenti e... perde le elezioni con dignità.

FORECASTER (Esperti di politica)

1a REGOLA DELL'ESPERTO POLITICO PD

Credere che governare sia molto più difficile che vincere le elezioni.

2a REGOLA DELL'ESPERTO POLITICO PD

Credere che il proprio partito abbia sempre fatto bene e se ha perso le elezioni è perché non è stato capito dagli elettori.

3a REGOLA DELL'ESPERTO POLITICO PD

Aderire totalmente all'idea che gli avversari politici vincono le elezioni solo perché sono più bravi a comunicare le bugie.

4a REGOLA DELL'ESPERTO POLITICO PD

Attaccare a testa bassa qualsiasi iniziativa degli avversari politici, anche quella più vicina alle proprie ideologie.

5° REGOLA DELL'ESPERTO POLITICO PD

Essere più intransigenti con chi propone politiche di sinistra che con chi propone politiche di centro o di destra.

1° POSTULATO SULLA PREDITTIVITÀ

Quando un esperto di politica fa previsioni di crescita, calano i consumi.

2° POSTULATO SULLA PREDITTIVITÀ

Quando un esperto di politica annuncia catastrofi economiche e finanziarie, i consumi risalgono.

ECCEZIONE AI POSTULATI SULLA PREDITTIVITÀ

In assenza di previsioni, i consumi calano se il PD è al governo e salgono se governano gli avversari.

1° PRINCIPIO DELL'EXPERTISE

Un esperto di politica è uno che sa sempre come creare più problemi a una singola soluzione.

2° PRINCIPIO DELL'EXPERTISE

Un esperto di politica è uno che quando capisce di non sapere di cosa stia parlando, riesce sempre a dare l'impressione di saperlo.

3° PRINCIPIO DELL'EXPERTISE

Un esperto di politica è uno che sa come far perdere le elezioni al suo partito in mille modi diversi.

PRINCIPIO DEL NON VERIFICABILITÀ

Il modo migliore per confermare un'analisi politica di un esperto politico è non fare verifiche sulla sua attendibilità.

PRINCIPIO ITALICO DELL'ANALISI DI MERCATO

Un economista che sa dove va il mercato, non è tenuto a sapere dove andrà quando ci sarà arrivato.

PRINCIPIO DI HEGEL

Le analisi degli esperti di politica sono certe e impeccabili e nessuno di loro si farà mai traviare dai fatti.

ASSIOMI QUANTICI

La realtà è un caso particolare che ruota tutta all'interno del PD.

Se una previsione politica non si avvera è perché era sbagliata la dimensione spazio-tempo in cui non si è avverata.

Se gli avversari hanno ragione, non hanno ragione.

PUBLIC RELATION (Dibattiti)

REGOLA UNIVERSALE
DELL'ARGOMENTAZIONE POLITICA

Più un politico non sa cosa stia
dicendo e più è meticoloso nel
sostenerlo.

LEGGE ITALICA DEL DIBATTITO PRE-
ELETTORALE

Tutto il tempo disponibile per i
dibattiti televisivi sarà utilizzato dai
candidati di sinistra che perderanno.

POSTULATO SUL CONSENSO TELEVISIVO

Un dibattito politico è sempre un
confronto tra grandi procacciatori di
consenso elettorale e alcuni politici
italiani di sinistra.

PRINCIPIO GENERALE DI CREDIBILITA'

Qualunque cosa di buono un politico
del PD dirà in un dibattito nessun
telespettatore gli crederà.

PRINCIPIO GOEBBELS

I fatti sono opinioni che si trasformano in fatti ribadendoli ossessivamente nei dibattiti televisivi.

PRINCIPIO DEL TANTO PEGGIO

Se ci sono più politici del PD che possono andare a un dibattito, andrà il più dannoso.

PRINCIPIO DELLA MIGLIOR DIFESA

Per un avversario politico, spesso la miglior difesa è un attacco del PD.

MARKETING (Ideologia e Strategia)

I TRE ASSIOMI INVIOLABILI DELLA SINISTRA ITALIANA

Se non è trasmissibile, è ideologia.

Se è sempre criticabile, è programma di governo.

Se non funziona, è strategia elettorale.

1° ASSIOMA DEL POSIZIONAMENTO

Il PD verrà attaccato da sinistra, per il suo comportamento liberista.

2° ASSIOMA DEL POSIZIONAMENTO

Il PD verrà attaccato da destra, per il suo posizionamento a sinistra.

3° ASSIOMA DEL POSIZIONAMENTO

Il PD non verrà attaccato dal centro, per disinteresse. Del centro nei confronti del PD.

1a LEGGE DEL SUPERAMENTO DELL'IDEOLOGIA

Quando un politico ha più a cuore le sue idee che la sua carriera politica, di solito è un indipendente che non fa parte di nessun partito politico.

2a LEGGE DEL SUPERAMENTO DELL'IDEOLOGIA

Quando un politico ha più a cuore la sua carriera politica che le sue idee, di solito c'è una banca di mezzo.

3a LEGGE DEL SUPERAMENTO DELL'IDEOLOGIA

Quando un politico non ha deciso se avere più a cuore la sua carriera politica o le sue idee, di solito c'è un appalto bloccato.

4a LEGGE DEL SUPERAMENTO DELL'IDEOLOGIA

Quando un politico non crede più nelle sue idee e non ha più a cuore la sua carriera politica, di solito ha un conto in rosso.

ASSIOMA DELLA LINEA DI PARTITO

La funzione primaria di un politico del PD è quella di rendere la linea del suo partito ostica ai suoi alleati e incomprensibile ai suoi elettori.

PRINCIPIO DELLA RAGIONE IMPURA

Quando un dirigente di sinistra non sa a chi dar ragione, darà ragione a chi non conviene darla.

PRINCIPIO EPIDEMICO PREDITTIVO RECIDIVO DI SINISTRA

Fare previsioni sbagliate è contagioso.

LEGGE DEL NEMICO A PRESCINDERE

Quando il PD decide di schierarsi in blocco contro qualcuno, quel qualcuno vincerà le elezioni.

POSTULATO ITALICO SULL'ATTENDIBILITÀ

Una strategia politica di sinistra si dimostrerà efficace solo a patto che non vengano fatte verifiche sulla sua efficacia.

TEOREMA DELL'ALTERNATIVA EVOLUZIONISTA

L'evoluzione della sinistra italiana non avviene sostituendo una strategia sbagliata con una giusta ma con un'altra che è anch'essa sbagliata, ma in maniera meno evidente.

TEOREMA DELLA POLARITA'

Se è vero che la dicotomia destra-sinistra è un concetto superato, è vero che con alto - basso, il PD perderebbe comunque le elezioni.

ASSIOMA ITALICO SULLA STRATEGIA POLITICA PIU' EFFICACE DI SINISTRA

(...)

BUSINESS PLAN (Programma)

ASSIOMA PROGRAMMATICO TEMPORALE

La scrittura del programma di un partito di sinistra richiederà più tempo della durata della campagna elettorale.

1a LEGGE DELLE ISTANZE POPOLARI

Un dirigente del PD che propone istanze popolari di sinistra, avrà percentuali irrilevanti alle primarie.

2a LEGGE DELLE ISTANZE POPOLARI

Un ex dirigente del PD che propone istanze popolari di sinistra in un altro partito, avrà percentuali irrilevanti alle elezioni.

3a LEGGE SULLE POLITICHE DI SINISTRA

Un qualsiasi dirigente antagonista al PD che propone istanze popolari di sinistra, farà il botto alle elezioni.

TEOREMA DEL RIFIUTO BILATERALE

Il PD avrà una parte di programma di destra e una parte di sinistra che verrà contestato sia da destra che da sinistra.

1a LEGGE ITALICA DEL BUON PROGRAMMA

Un buon programma politico verrà letto dal numero più basso possibile di elettori.

2a LEGGE ITALICA DEL BUON PROGRAMMA

Un buon programma politico verrà frainteso dal numero più alto possibile di elettori.

3a LEGGE DEL BUON PROGRAMMA

Un buon programma del PD non è mai un buon programma.

LEGGE DELLA SINISTRA ESPONENZIALE

Un buon programma di sinistra non sarà mai un buon programma per chi è di sinistra.

TEOREMA DELL'ISTANZA ESCLUSA

Ogni punto non trattato in un programma di sinistra diventerà tema di scottante attualità pochi giorni prima delle elezioni.

1a LEGGE DEL FRAINTENDIMENTO A PRIORI

Quando il PD dichiara che nel suo programma ci sono "meno tasse per tutti" è inteso come più soldi per le banche.

2a LEGGE DEL FRAINTENDIMENTO A PRIORI

Quando il PD dichiara che nel suo programma c'è "lavoro per tutti" è inteso come sfruttamento della classe operaia.

3a LEGGE DEL FRAINTENDIMENTO A PRIORI

Se il PD vuole dare più "spazio ai giovani" viene inteso come esclusione degli anziani.

4a LEGGE DEL FRAINTENDIMENTO A PRIORI

Se il PD vuole dare più "aiuti agli anziani", viene inteso come aumento dei vitalizi.

5a LEGGE DEL FRAINTENDIMENTO A PRIORI

Qualsiasi dichiarazione del PD è intesa in contrasto con il suo programma.

6a LEGGE DEL FRAINTENDIMENTO A PRIORI

Qualsiasi programma, il PD perderà.

7a LEGGE DEL FRAINTENDIMENTO A PRIORI

Il PD perderà a prescindere.

DECISION MAKING (Governo)

ASSIOMA INVIOLABILE SULLA GOVERNABILITÀ

Per governare, il PD ha solo due opzioni: partecipare a un governo tecnico o guidare un governo misto.

1° PRINCIPIO DELLA GOVERNABILITÀ

Se la soglia minima per governare è il 40%, il PD otterrà il 20%. Se è del 30%, il PD otterrà il 15%. Se è del 20%, il PD otterrà il 10%.

2° PRINCIPIO DELLA GOVERNABILITÀ

Per ogni valore della soglia pari a "n", il PD otterrà sempre "n-50%".

3° PRINCIPIO DELLA GOVERNABILITÀ

In caso di alleanze, il PD non avrà mai i numeri per governare senza l'appoggio di altre forze che faranno cadere il governo alla prima occasione.

1° TEOREMA DELLA CONGIUNTURA

Se il PD riesce a trovare i numeri per governare, la congiuntura sarà sfavorevole.

2° TEOREMA DELLA CONGIUNTURA

Se la congiuntura rimanesse sfavorevole dopo un governo a guida PD, il governo successivo sarà nuovamente a guida PD.

3° TEOREMA DELLA CONGIUNTURA

Non c'è congiuntura sfavorevole che non possa peggiorare quando a guidare un governo c'è il PD.

TEORIA DELLA SOMMATORIA RECESSIVA

Se sono previste una crisi finanziaria, un calo dei consumi e una diminuzione della ricchezza pro-capite, esse avverranno tutte assieme durante un governo a guida PD.

LEGGE DELLA CONGIUNTURA FAVOREVOLE

Se si verifica una congiuntura economica favorevole, non capiterà mai con un governo a guida PD.

1a LEGGE SULLE OPZIONI DI GOVERNO

Se un governo precedente ha fatto bene, quasi nessun elettore sarà disposto a credere che il PD possa fare meglio.

2a LEGGE SULLE OPZIONI DI GOVERNO

Se il governo precedente ha fatto male, ben pochi elettori crederanno nel PD come una valida alternativa.

3a LEGGE SULLE OPZIONI DI GOVERNO

Se è prevista una gravissima recessione economica molti elettori non andranno a votare, consentendo al PD di guidare un governo di coalizione.

TEORIA DELLA DIVERGENZA MULTIPLA

Se un governo a guida PD decidesse di fare qualche politica di destra perderà voti a sinistra, al centro e a destra.

TEORIA DEL NON RECUPERO A SINISTRA

Se un governo a guida PD decidesse di fare politiche di sinistra, perderà voti al centro, a destra e non recupererà i voti persi a sinistra.

TEOREMA DEL GOVERNO NON A GUIDA PD

Un qualsiasi altro governo non a guida PD, anche se sulla carta risulterà svantaggiato, tenderà a farà meglio nella percezione della maggioranza degli elettori.

POSTULATO DEL MEGLIO TARDI CHE MAI

Se un governo a guida PD fa misure utili, di solito è troppo tardi.

TEOREMA DEL GOVERNO TECNICO

Nessun governo a guida PD prenderà una decisione scomoda che può far prendere a un governo tecnico.

1° COROLLARIO AL TEOREMA DEL GOVERNO TECNICO

Se un governo tecnico prende delle decisioni scomode al posto di un governo a guida PD, gli verrà attribuita la responsabilità di altre decisioni scomode.

2° COROLLARIO AL TEOREMA DEL GOVERNO TECNICO

Se un governo tecnico, oltre a prendere una decisione scomoda, si assuma anche la responsabilità di quella decisione, gli verrà attribuita anche la responsabilità di tutte le scelte sbagliate fatte negli ultimi cinquant'anni.

LEGGE DELL'ALTERNANZA A PERDERE

Se il PD conquista un'amministrazione locale, prima o poi la perde.

LEGGE INELUTTABILE DELLA SUCCESSIONE CICLICA DELLE DESTRE

Le amministrazioni tradizionalmente di sinistra, dovranno passare per una legislatura del PD prima di essere governate dalle destre.

LEGGE DELLA BUONA AMMINISTRAZIONE

Se alcuni amministratori del PD troveranno soluzioni efficaci, commetteranno errori nell'applicarle.

VARIANTE ALLA LEGGE DELLA BUONA AMMINISTRAZIONE

Se anche non dovessero commettere errori, non potranno essere rieletti.

LEGGE DELLA SOLUZIONE NON NECESSARIA

Se un governo PD cerca soluzioni per un problema, le troverà quando il problema è già risolto o non si possa più risolvere.

VARIANTE PIATTO D'ARGENTO

Se la trovasse prima, lo farà in modo che altre forze possano attribuirsi il merito.

PROBLEM SOLVING (Riforme)

PRINCIPIO ITALICO SULLE RIFORME

Le riforme di un governo tendono ad andare tutte male nello stesso tempo.

LEGGE ITALICA DELLA SECONDA RIFORMA NON PROPOSTA

Se si presenta una riforma in parlamento ce n'è sempre una migliore che non è stata proposta.

POSTULATO DEL FUORI TEMPO MASSIMO

Non c'è modo migliore per un governo che approvare definitivamente una legge per farsi venire nuove idee per migliorarla.

POSTULATO ITALICO DELL'ESPANSIONE INFINITA

Ogni effetto negativo di una riforma si espande occupando tutto lo spazio disponibile.

1° LEGGE INVIOLABILE DEL RIFORMISMO

Se il paese sta bene, le riforme lo faranno star male.

2° LEGGE INVIOLABILE DEL RIFORMISMO

Se il paese sta male, le riforme lo faranno degenerare.

3° LEGGE INVIOLABILE DEL RIFORMISMO

Se il paese sta così e così, le riforme lo faranno uscire dallo stallo, facendolo prima star male e poi decadere.

COROLLARIO ALLE LEGGI INVIOLABILI DEL RIFORMISMO

Non c'è riforma che non possa peggiorare.

TEOREMA DELL'UGUAGLIANZA ITALICA DELLE RIFORME

Una buona legge ha lo stesso aspetto di una cattiva legge.

LEGGE SUI TEMPI ITALICI DI APPROVAZIONE

Più è urgente una legge e più tempo impiegheranno le camere per approvarla.

TESI DEL CONTRASTO TRASVERSALE

Per ogni riforma approvata dal PD ci sarà una uguale e contraria critica di tutte le altre forze politiche. Compresi gli alleati di governo.

ITER GENERALE DELLA RIFORMA

Non c'è riforma del PD che non possa essere criticata e abolita dal governo successivo.

ASSIOMA SUI TEMPI DI VERIFICA

Qualsiasi legge, o riforma, mostrerà errori e lacune solo una o due settimane prima delle elezioni successive.

POSTULATO ITALICO DELLA RIFORMA RITARDATA

Il tempo che ci vuole, per rimediare a eventuali conseguenze negative di una riforma, è inversamente proporzionale al tempo che c'è voluto per approvarla in parlamento.

ASSUNTO DEL ROSATELLUM

Se un governo a guida PD farà una legge elettorale per vincere le elezioni, i partiti avversari se ne avvantaggeranno, raccogliendo molti più consensi di quelli previsti.

1° ASSIOMA SULLA LEGGE DI BILANCIO

Qualsiasi legge di bilancio non sarà sufficiente a soddisfare le esigenze delle fasce più deboli.

2° ASSIOMA SULLA LEGGE DI BILANCIO

Qualsiasi legge di bilancio non sarà sufficiente a soddisfare le esigenze delle fasce medie.

3° ASSIOMA SULLA LEGGE DI BILANCIO

Qualsiasi legge di bilancio non toccherà le fasce alte.

LEGGE ITALICA DELLA INCONGRUITA'
PRAGMATICA

Tutte le riforme sono realistiche. Non fatevi ingannare dai fatti.

TEOREMA DEGLI ESODATI

Tutti i problemi si possono risolvere quando le risorse sono già finite.

POSTULATO GENERALE SULLE RISORSE ECONOMICHE

Non ci sono mai abbastanza risorse per risolvere i problemi sociali.

ASSIOMA SULL'INDICE DI DISOCCUPAZIONE

Qualsiasi riforma del lavoro porterà più disoccupati di quanti ce n'erano prima.

COROLLARIO ALL'ASSIOMA SULL'INDICE DI DISOCCUPAZIONE

Se aumenteranno i posti di lavoro, accadrà all'estero.

ASSIOMA SULLA SEMPLIFICAZIONE

Visti i Par.5, 8bis, 15ter, 15quater, 19 e 21, preso atto del vigente D.L.887/24, con particolare attenzione ai Cap.3, 11, 12 e 67, a seguito del parere favorevole della commissione 642 del 5/12/79, di cui agli Art.44, 50, 156, 188 e 237, considerate le precedenti modifiche del 18/6/38, le integrazioni del 6/12/44 e le successive articolazioni del 28/12/13, si rimanda al sopraccitato emendamento, afferente le sottoclausole confirmatorie, per dichiarare *ex post* ogni verifica propriamente *ad litteram*.

CORE BUSINESS (Grandi opere, Banche e Reddito di cittadinanza)

1° ASSIOMA SULLE GRANDI OPERE ITALIANE

Più è inutile una grande opera, più alto è il costo di realizzazione, minore sarà la possibilità di abbandonarla nel corso della sua realizzazione.

2° ASSIOMA SULLE GRANDI OPERE ITALIANE

Tutte le grandi opere proposte dal PD saranno criticate come inutili, costose e obsolete e incontreranno l'opposizione delle popolazioni locali.

3° ASSIOMA SULLE GRANDI OPERE

Le stesse opere realizzate da un altro partito, avranno meno critiche e le popolazioni locali si dimostreranno più concilianti.

1° POSTULATO SUL SOSTEGNO ALLE BANCHE

Se un governo a guida PD salva una banca sotto inchiesta, si troverà sempre un parente o un esponente del governo coinvolto nell'inchiesta.

2° POSTULATO SUL SOSTEGNO ALLE BANCHE

I fondi stanziati da un governo a guida PD non saranno mai sufficienti a coprire gli azionisti truffati.

3° POSTULATO SUL SOSTEGNO ALLE BANCHE

Ogni governo a guida PD potrà sempre scegliere tra banche, consorzi o assicurazioni per garantirsi lo scandalo giudiziario più appropriato a perdere il massimo numero di consensi.

POSTULATO DEL REDDITO DI CITTADINANZA

Il PD perderà voti non facendo riforme a favore delle fasce più deboli.

1° COROLLARIO AL POSTULATO DEL REDDITO DI CITTADINANZA

Se anche facesse riforme a favore delle fasce più deboli, il PD perderà voti perchè inadeguate.

2° COROLLARIO AL POSTULATO DEL REDDITO DI CITTADINANZA

Il PD perderà il doppio dei voti schierandosi contro riforme a favore delle fasce più deboli fatte da altre forze politiche.

MANAGEMENT CHANGE
(Rottamazione)

1a LEGGE DELLA ROTTAMAZIONE

Un dirigente che ha una nuova visione del partito rottama tutti i dirigenti che ne hanno una vecchia.

2a LEGGE DELLA ROTTAMAZIONE

Un dirigente che ha un nuova visione del partito può essere rottamato da chi ha una visione ancor più nuova.

3a LEGGE DELLA ROTTAMAZIONE

Una visione ancor più nuova del partito coincide con la vecchia che è stata rottamata dalla prima legge.

4a LEGGE DELLA ROTTAMAZIONE

Per ogni dirigente che ha una nuova visione c'è sempre una uguale e contraria rottamazione di quella visione e di quel dirigente.

5a LEGGE DELLA ROTTAMAZIONE

Non c'è rottamatore che non possa a sua volta essere rottamato.

1a REGOLA DEL CAMBIAMENTO

Più ambizioso è un progetto di cambiamento, più alta è la possibilità di fallimento.

2a REGOLA DEL CAMBIAMENTO

Le soluzioni per rigenerare un partito o sono troppo complesse per essere attuate o troppo semplici per non essere rimandate all'infinito.

3a REGOLA DEL CAMBIAMENTO

Quando si decidono delle azioni concrete per riformare un partito, ne valeva la pena l'anno scorso.

POSTULATO DELLA RIVELAZIONE
KARMICA

Il verificarsi contemporaneo di tutti i precedenti teoremi, corollari, assiomi e postulati, avrà la probabilità più alta possibile di verificarsi appena terminata,

GLI AUTORI

Rino Cerritelli - Autore

Scrittore, attore, regista, humor trainer, musicista. Inventore dell'humor terapia, conduce corsi e conferenze sull' intelligenza umoristica applicata in ambito professionale, terapeutico, artistico, sociale e culturale. Ha pubblicato "Intelligenza Umoristica", "La Terapia dell'Umorismo", "Una Risata vi Promuoverà".

Luca Eslebano - Autore

Esperto in formazione tecnica e relazioni umane, opera da 25 anni nel duro mondo delle vendite nel settore industriale. Il giusto livello di empatia, la corretta dose di pragmaticità e l'immancabile sorriso, sono le sue ricette per affrontare la giornata. Vive e lavora tra l'Italia e l'estero.

Marco Posa - Illustratore

Appena in grado di usare le mani si impadronisce di matite colorate e affresca il muro della cucina, del soggiorno, del corridoio. Alla fine, dopo anni dedicati all'industria tessile e allo shiatsu, pubblica libri di vignette con diversi scrittori. Vive e lavora a Como, cercando di sviare l'umanità dall'autodistruzione.

Edizioni Scripta Volant

www.ingramcontent.com/pod-product-compliance
Lightning Source LLC
La Vergne TN
LVHW041337200726
843509LV00009B/745